Lâcher prise et trouver le bonheur
pour être heureux à la façon française.

パリに暮らす日本人マダムの

「手放す幸せ」の見つけ方

smile editors編

主婦と生活社

contents

Paris Madame 1
「カフェ キツネ ルーブル」勤務
石井庸子さん
P.008
他人の目を気にせず
やりたいことをやって
自分軸で生きることが大切

Paris Madame 2
「MAISON N.H PARIS」デザイナー
佐々木ひろみさん
P.028
いつでもワクワクする心を持ち
意識をして行動することで
人生は変わると思います

Paris Madame 3
アーティスト／デザイナー
弓シャローさん
P.048
いくつになっても
クリエーションをし続けることが
いちばんの楽しみ

Paris Madame 4
フォトグラファー
篠あゆみさん
P.068
パリは仕事も出会いも暮らし方も
新しい発見や気づきとともに
幸せをくれる私の居場所

Paris Madame5
「TSUNODA PARIS」デザイナー
角田雪子さん
P.088
自然を愛する心と
感謝の気持ちに気づいた
郊外での暮らし

Paris Madame 6
ファッションコーディネーター
大塚博美さん
P.108
常に何が最終目的で
その行動をしているのかを
大切にしています

年齢を重ねても
自由気ままに人生を楽しむ

パリに暮らすマダムたちは、
自分たちの暮らしの範囲で楽しむことに長けていて、無理はしない。
年齢を重ねるほどおしゃれに装い、
いくつになっても自分らしさを追求する。
自由気ままに、他人の目を気にせず、
自分の気持ちに嘘をつかない。
いつも自分軸で考える。
花を飾ったり、食事をしたり、おしゃべりをしたり、
日々の小さなできごとを愛おしむ。

ALCOOL DE MENTHE
DE
RICQLÈS
PARFUMS des BEAUX ARTS
twoWa
Galimard
COLLECTION
PRIVEE

古いものと新しいものをミックスするのが上手。
知らない人とも道で会話したり、
人と人のコミュニケーションを大切にしている。
自信を持って人生を楽しんでいる。
人に寄りかからずに自分で立ち、歩み続ける。
自分流のスタイル、生き方を持っている。

本書では、フランス・パリに住んでいる日本の女性たち6名にご登場いただきます。みなさんに共通するのは、ご自身の仕事のキャリアによって、現在の立場を築いた方々ということ。

どの方々も、長いパリ生活で培った自分流の賢い暮らし方を実践しています。人生観やライフスタイル、日々の楽しみなどを伺いました。

Paris Madame

1

石井庸子さん

他人の目を気にせず
やりたいことをやって
自分軸で生きることが大切

age 82

日本でモデルとして活躍した後、1973年10月に渡仏。パリの左岸パンテオンの近くで21年間バーを営む。現在は娘のロミの夫、ジルダ・ロアエックが創業したブランド、メゾン キツネ直営の「カフェ キツネ ルーブル」に勤務。

カフェで働き、暮らしを楽しむ。自分らしさを追求できる毎日が楽しい

パリの「カフェ キツネ ルーブル」の看板マダムとしてその名を馳せる〝ナミさん〟こと、石井庸子さん。旧姓がナミカタさんだったため、ナミさんの愛称で親しまれています。いつも元気な石井さんは、手際良くお客さんの注文を取り、コーヒーを入れ、オーダーの品をサーヴしていきます。

今年で82歳。日本では、同世代の多くの女性は、ゆっくりと暮らしている人が多いようですが、石井さんは50年前に日本を飛び出し、はるか遠いフランスの地で働き続けています。そんな石井さんの姿をYouTubeや雑誌で目にした女性たちが、パリを訪れた際に、「カフェ キツネ ルーブル」にやってきます。

「大抵の人って、YouTubeではわざわざきれいな服に着替えたり、上品に話したりするでしょう? でも、私ったら口が悪いから、普段と全く変わ

頭に巻いたスカーフとベスト、そしてメゾンキツネとJ.M.ウエストンのコラボローファーのブルーを合わせたコーディネートで出勤。

Yoko Ishii

日々仲間たちと
楽しく働く。
かけがえのない時間

上：カウンターでコーヒーを淹れたり、お掃除をしたり。次々とやることを見つけて機敏に働く姿が頼もしい。
下：カフェのスタッフたちと。パリに住む常連客たち、日本からやってきた初めて会うお客さんとも話が弾む。
左：パリの中心にあるルーブル美術館やオペラ通りからほど近い場所にある「カフェ キツネ ルーブル」。

りなく、なんでもつい正直にぽんぽんと言っちゃうわけ。だけど、そんなところがむしろ面白いんですって」

もちろん、決して口が悪いなどということはなく、気取らず飾らずフランクな性格が、なんとも居心地のいい雰囲気を作っているのです。

恩師のデザイナーのひと言がパリに住むきっかけに

石井さんがパリに住むきっかけになったのは、1969年のパリへの旅。デザイナーの水野正夫さんからのアドバイスがきっかけでした。

「私の父は東京で生地屋を経営していて、母は裁縫が得意でした。だから、洋服が好きな私はいつも、自分が欲しいと思った服の絵を描いては母に手渡して縫ってもらっていたんです。そんな私を見て、父は服飾の専門学校に行かせたかったようですが、私はモデルになりたくて、モデルの養成学校に進学しました」

そして、在学中に水野正夫さんの手掛けたオートクチュールドレスの仮縫いのフィッティングモデルを務めることになりました。

その頃、水野さんに「一度パリに行って、サンジェルマン・デ・プレのカフェテラスに座って、街行く人々を眺めてごらん」と声をかけられ、石井さんはパリへ旅立ちます。

「実際に行ってみて、パリの街並みを行き交うパリジェンヌたちは誰もがみんな、自分の好きな服を着てさっそうと歩いていた。そんな姿を目にして『あぁ、やっぱりセンスにあふれているんだなぁ、歴史がある街なんだなぁ』って感動したんです」

それから約4年後の1973年のある日、パリでバーを営んでいた日本人の友達から「ナミ、手伝いに来てくれない?」と、相談の連絡が。

「当時、私には父が決めた婚約者がいて、その人と結婚してアメリカに一緒に行くことになっていた。彼は家柄もよくてお金持ちのエリート。でも、どうしてもその人と結婚するのは無理だと感じてしまっていて……。だから、縁談を断って欲しいと両親に懇願したんですけど、聞き入れてくれず。そこで、思い切って愛車を売ったお金を手にし、パリへと飛び発ちました。友達のバーで働けるとはいえ、もちろん最初はまったくフランス語はできなかった。でも、アパートは優しい友達が貸してくれたし、フランス語の先生

上：こじんまりとしつつも、リラックスできるリビングルーム。下：キッチンの壁には、本物のコーヒーを使って描く作風で人気のイラストレーター・Anna《アンナ》 Gorvits《ゴルヴィッツ》が描いた「カフェキツネ ルーブル」と「メゾンキツネ」のブティックのイラストが。

リビングには白とグリーンの花をたっぷりと。大好きなものに囲まれたくつろげる空間

真っ赤なブラウスは40年前のケンゾー。「グリーンの麻のジャケットはラルフローレンのヴィンテージ。15ユーロだったのを10ユーロにおまけしてもらって買いました」

も紹介してくれて。とっても恵まれていたんですよね」

両親の反対を押し切って渡仏した石井さんは、その後、バー「マイルーム」を左岸のパンテオンの近くにオープン。そこに足しげく通っていたお客さんが石井さんの心をつかみ、結婚する流れに。

「夫は日本のホテルオークラのレストランで働いたあと、ローマの日本大使館で料理人をしていたんです。その後、パリのレストランで働くようになった彼はバーによく来て、いろいろな話をしているうちに気が合って。彼はとても生真面目な人だから『パリでは籍を入れずに同棲し続けるカップルがたくさんいるけれど、僕はそういうのは嫌だから、結婚するか別れるか、どちらかはっきりして欲しい』って言われたんです。私は結婚にはあまり興味はなかったけれど子どもは欲しかったので、『じゃあ、結婚しましょうか』ってことになったというわけ」

フランス人マダムたちは年齢も、他人の目も気にしない

YouTubeでも暮らしぶりが紹介されている石井さんは、最近では、日

本に一時帰国すると、講演を依頼されることもしばしば。「日本の女性たちは、『私はもう歳だから』とか『いい歳して何してるんだろうって、人から妙に思われたりしないかしら』と、つい人の目を気にして冒険しなくなってしまう。けれど、フランスのマダムたちのように物怖じせずに、どんどん挑戦してみてくださいねってお話ししたら、『私も挑戦してみることにしたわ！』とすっきりした表情で帰られる方がたくさんいらっしゃるんですって。私って、日本の女性たちに勇気を与えてるのよ。なんていったって、私は82歳の元気なおばあちゃんなんだから」

そのライフスタイルとともに、パリのセンスで着こなす私服ファッションにも注目が集まっている石井さんは、「若い頃にショーや撮影でさまざまな服を着る経験ができたからこそ、自分に何が似合うのかがわかるようになった」と言います。

「たとえば、私にはヒラヒラのフリルや派手な花柄は似合わないし、いつも着る服の色はベージュ、茶色、白、グレー、黒。要するに、シンプルなのがいちばん。クローゼットの中もこれらの色合いで揃っているから、コーディネートに迷うことはありません。とはいえ、たとえ私には似合わない服でも、

旅先で出合った小物や
家族との写真。
思い出を飾る

クローゼットの隣に位置するベッドルームの棚。家族写真、旅先で出会った小物やぬいぐるみのそばに、よく身につけるブレスレットやリストウォッチが。

上：リビングのサイドテーブルには、グリーンのオーテンシア（アジサイ）とバラの花を。右上：フォトフレームに入れて大切に飾られている、パリを拠点に活躍するイラストレーター・河原シンスケさんから届いたバースデーカード。右下：リビングの暖炉の上には、いつも白い花のブーケを。下右：フランス製の生地で作られた可愛らしいモチーフをカーテンに。下左：「エルメスで製品を購入した際についてきた革製の鹿を、額に入れてみたのよ」

ほかの女性には似合うかもしれない。だから、自分にはどんな服がしっくりくるのか、ためらわずにどんどん試して欲しいですね」

ブランド品には特にこだわらず、好きな服を着る。髪にはスカーフかリボンを巻いて、シンプルなシャツかブラウスにベストやジャケットをさっと羽織り、ボトムスの多くは無地のパンツで、その足元にはメンズライクなレザーシューズを合わせる。パンツのポケットに手を入れてパリの石畳を歩く姿はなんとも粋。

石井さんの生き方には〝スタイル〟がある。それが世代を問わず人気の理由です。

オンとオフを切り替えた週日と週末の過ごし方

2007年に21年間営業していたバー「マイルーム」を閉めたあとは、16区のお弁当屋さんで6年半腕をふるい、石井さんが作るおふくろの味を求めて毎日行列ができていたほど盛況でした。

「そのお弁当屋さんを辞めてからは、しばらく日本に行ったり、夫が住んでいるグアドループ（カリブ海にある島でフランスの海外県）に行ったりして過ごしました。でも、グアドループにずっと住み続けるのはやっぱり難しいと思って、3週間ほどでパリへまた戻ってきたんです。その後、娘のロミの夫でメゾン キツネの創始者、ジルダ・ロアエックから『メゾン キツネがバーゲンセールをするから、手伝いに来て』と頼まれて行って以来、そのまま自然と『カフェ キツネ』で働くという流れになったんですよ」

「カフェ キツネ ルーブル」で週4日間働く現在の石井さんの1日は、毎朝9時頃に起きて朝食を食べることから始まります。仕事は午後1時からなので、余裕を持って12時頃に自宅を出ます。

「私は持病もなくて元気だから、自宅から毎日バスで通勤しています。仕事は午後6時までです」

帰宅したら午後8時頃までテレビでニュースを観たりしてくつろいでから、夕食の支度を。お味噌汁を作って、新カブなどの野菜を漬けたり、しめさばを作ったり。食後には自分で焼いたケーキとコーヒーか紅茶を飲んでから、お風呂へ。

「さっと浸かるだけですが、バスタブにはちゃんとお湯を張るようにしてい

ファッションのモットーは「お金をかけずともおしゃれはできる！」

上：24歳の頃のポートレート。右上：娘のロミさんと、モンマルトルの丘にて。右下：ロミさんとジルダさんのウェディングフォト。石井さんの隣は夫の孝行さん。下：クローゼットに並ぶ服は、どれもシックな色合い。

上：エルメスのバーキンは、すれてきた持ち手にリボンを巻いて長年愛用中。右：ジャケットや帽子の雰囲気を引き立てるZARA《ザラ》のバッグを。プチプライスやお手頃価格のアイテムをコーディネートして今年らしいファッションに仕上げる。

下右：書きためてきたレシピを、レシピブックに清書。下左：大好きな陶器ブランド、アスティエ・ド・ヴィラットの器をコレクション。「ペン立てにしているのが、最初に買ったカップです」

ます。そのあとにまたいろいろとやり始めると、なんだかんだでベッドに入るのは夜0時過ぎ。だから、深夜0時や1時に『きっとまだ起きてるよね？』っていうLINEのメッセージが届くと、『もちろん！』ってすぐに返信するのよ。みんなに『歳を取ってるのに、よく遅くまで起きていられるね』とか、同年代の友達からは『朝方、つい早く目が覚めちゃったりしない？』などと言われるけれど、快眠でまったく問題なし」

平日は月曜日から木曜日までは仕事。金曜日はシーツを洗うと決めて、洗濯や掃除に励む日に。週末はvide《ヴィッド》-grenier《グルニエ》と呼ばれるブロカント（古物市）に行ったり、マルシェに買い物に出かけたり。日曜日にはラスパイユ大通りのビオ（無農薬）専門のマルシェに行って、野菜や魚、卵、花などを買っています。

そんな石井さんの健康の秘訣は、「美味しいものが大好きだから、よく食べること」と。

「歳を取るとお肉が苦手になるってよく聞くけれど、私は週に1回はお肉屋さんで200gくらいのフィレ肉をステーキ用にカットしてもらって、それをぺろりと食べちゃうんですよ」

引っ越しがもたらした〝引き算〟による居心地のいい空間

以前はパリの郊外に住んでいた石井さん、2年前にパリ市内の現在の場所に引っ越してきました。

「その当時住んでいたアパートを大家さんが売りに出すことになって。だから、とっても気に入っていた飾り棚や食器類もたくさんあったものの、『パリ市内のアパートは家具付きだから、もし棚を持って行ったとしても部屋が狭くなってしまうなぁ』と考えた末、残念ながら食器の多くは厳選して、棚とともに思い切って手放しました」

部屋の暖炉の上では、20年来コレクションし続けているアスティエ・ド・ヴィラットのベースに飾られたブーケや、お気に入りのアンティークオブジェが並んでいます。何が自分に似合うのか、どんなものがわが家にふさわしいのか――石井さん自身が、その答えを知っているのです。

マルシェでのお買い物が週末の楽しみ

週末に開催されるラスパイユ大通りのマルシェでは、顔なじみのお店のスタッフと話したり、美味しそうな食材を見つけたりと楽しい時間を過ごす。

マルシェから戻り、買ってきたローストチキンとラタトゥイユ、お手製のサラダでみんなでランチを。

右：手際よくマッシュルームとキュウリ、トマトのサラダが完成。下：「毎朝コーヒーか紅茶にハチミツを入れ、カシューナッツを1日6粒食べることを習慣にしています」

Paris Madame

2

佐々木ひろみさん

**いつでもワクワクする心を持ち
意識をして行動することで
人生は変わると思います**

1988年から1991年まで大手出版社に編集者として勤務。渡仏後、2004年パリでキッズブランド「MINI TSUTSU」をスタート。「MAISON N.H PARIS」の共同創始者兼デザイナーであるとともに「TSUTSU STUDIO」にてコンサルタントを務める。

「少しでも社会の役に立つ人になりたい」年齢を重ねてからしみじみと感じるように

「MAISON《メゾン》 N.H《エヌアッシュ》 PARIS《パリ》」の共同創始者兼デザイナー、また「TSUTSU STUDIO」でファッション、ビューティー、ライフスタイルのコンサルタントを務めている佐々木ひろみさん。かつて大手出版社で編集者をしていた経験を生かし、ファッション業界で幅広く活躍しています。

佐々木さんがパリに住むことになったきっかけは、現在のご主人との出会いから。

「もしも彼と出会っていなかったら、ロックミュージックが好きな私はロンドンで暮らしていたかもしれません」と言う佐々木さん。

「ロンドンへ旅行する時にパリに住んでいる友達にも会いに来ていたんです。そのときに友達を介して、当時著名デザイナーのアシスタントをしていた彼と知り合いました」

リビングで過ごす穏やかな時間は慌ただしい仕事での疲れを癒やしてくれる

出張で世界中を飛び回っている佐々木さん。「なかなかパリにいられない時期もあるのですが、自宅の観葉植物の世話をしたり、アシュタンガヨガのクラスに通ったりして過ごしています」

上：アンティークの家具とウッドで作られたシャンデリアが落ち着きを感じさせるリビング。テーブルは漂白剤を掛けたあとにタワシでこすってエイジング加工を。下：ブルーグレーを基調としたリビングの隣にももう1室リビングが。こちらの部屋にはローテーブルとソファが配されている。

Hiromi Sasaki

その後、ご主人が日本へ一時帰国した際に再会。何度か会ううちにお互いに惹かれ合っていったそう。

「当時は出版社に勤めていて、編集者としてファッションやビューティーを担当していました。大きな出版社だったので、文壇や芸能界などさまざまな分野の人々を通じてたくさんの刺激をもらっていました」

しばらくの間はお互いの仕事を優先し、タイミングの合う時にパリと東京を行ったり来たりの遠距離恋愛が続いていましたが、結婚を機に佐々木さんはパリへ行くことを決意。やりがいを感じていた出版社での仕事を辞めることにためらいはなかったのでしょうか。

「いいえ、迷いはなかったです。若かったからでしょうか。あれもやりたい、これもやりたいで、新しいパリでの生活に心が躍っていました」

パリで新たに歩み始めたデザイナーへの道

こうしてフランスでの生活が始まったのですが、ご主人は、師事していたデザイナーが1999年に引退したタイミングで独立し、自身のブランド

「TSUTSU」を立ち上げることになりました。

「その頃、私がデザインしたTシャツを着ていた息子の姿を見て『そのTシャツが欲しい』と言ってくれる人が増えてきて。じゃあ、展示会で子ども用のTシャツも見せてみようということになり、『MINI TSUTSU』としてTSUTSUの展示会の片隅に置いてみたところ、ロサンゼルスの有名セレクトショップMAXFIELD《マックスフィールド》のトミーがオーダーを付けてくれたり、日本でも伊勢丹のリ・スタイルなどで取り扱ってくれたりしてうれしかったですね」

その後、2011年に起こった東日本大震災をきっかけにフランスから東北への復興支援をするためにパリで発足したチャリティイベント〝HOPE《ホープ》 &《アンド》 LOVE《ラブ》 PARIS《パリ》〟で、イベント発起人の石坂紀子さんと出会ったのです。

「紀子さんも私も、フランスっぽさが感じられる手作りのものが好きだったんです。そこで、フランスのバスク地方やスペインが名産のエスパドリーユ(底部分が麻紐で作られたキャンバス地のシューズ)を一緒に作ろう!と意気投合して。こうして、紀子さんと私のブランド『MAISON《メゾン》 N.H《エヌアッシュ》 PARIS《パリ》』が生まれました」

とはいえ、「ブランドを始めようと思う」と周囲の友人たちに伝えると「そ

右下：息子さんが幼かった頃に撮ったポラロイド写真を飾って。左上：普段よく身につけるネックレスは自由の女神のオブジェにかけておき、出かける前にさっと選べるようにしている。左下：メゾン・ミッシェルなどで購入した帽子のコレクション。「モノトーンの服に帽子やバッグでアクセントをつけることが多いですね」。壁には大好きなカート・コバーンやスティーヴン・タイラーなどのロックスターの写真を。

自宅はバスティーユ広場のすぐ近く。毎週日曜日はこの広場のマルシェに通っている。

右：クリニャンクールの蚤の市で買った棚の上には、アスティエ・ド・ヴィラットの陶器やエッフェル塔のオブジェなどを。左：暖炉のあるリビングルーム。ソファの背後に横長の鏡を配することで、より広く見せる視覚効果が。

ドライフラワーと アンティーク家具で シャビーシックな雰囲気に

れはリスクがあり過ぎるんじゃない？」とか「普通は隠居を考えるような年齢なのになんで今から始めるの？」などと、多くの人が驚きました。

「でも、私はもうとにかくやりたくって。ある意味、ものごとをあまり慎重に考えるタイプじゃなかったのがよかったのかもしれませんね」

佐々木さんは当時をそう振り返ります。実はその頃、ちょうど自分でも今後の人生についていろいろと考えている時期だったのだそう。

「若いときはあまり気にかけていなかったけれど『少しでも社会の役に立つ人になりたいな』と、歳をとってからしみじみと感じるようになったんです。今思うと、当時は何かを自分でやりたいと思い、いろいろなことを考えて準備している時期ではあったのですが、それをまだ模索中でした。そんな時に、『MAISON《メゾン》 N. H《エヌアッシュ》 PARIS《パリ》』を始めることに決めました」

やりがいのある仕事と、人と人との繋がりの大切さ

その後、ブランドのものづくりはエスパドリーユからバッグ、帽子へと拡がっていった「MAISON《メゾン》 N. H《エヌアッシュ》 PARIS《パリ》」。毎シーズンのデザインコンセプト

は、佐々木さんと石坂さんのふたりで話し合って決めます。それぞれの役割としては、佐々木さんは主に生産・プロダクトを、石坂さんはビジュアルとセールスを担当しています。

「ふたりでブランドをやっていると、時には意見が異なることもありますが、話し合いながら強いこだわりを少しずつゆるめていくうちに、お互い歩み寄れるようになります。そういった感じで、若い頃よりも精神面で〝気持ち〟をうまく手放すことができるようになった気がします」

「MINI TSUTSU」での経験は、今の仕事にも生かされています。

「クリエーションとセールス、物を作る楽しさと難しさを学びましたし、お互いをリスペクトするためにはパートナーとの距離感も大切だと考えています。そこに会社のスタッフもいろいろとかかわってくれることで、うまくバランスが取れていますね」

プロダクトの生産地を訪れ、アトリエの人々をサポート

商品を製作するマダガスカルやインドには、年に数回訪れています。

上：新作がずらりと並んだMAISON N.H PARISのオフィス。フラワープリントのドレスはMii《ミー》 collection《コレクション》のもの。
下：オフィスの扉の横にかけられているNHのイニシャルが施されたバッグが看板代わり。

上：L'EAU by MMのグリーンのドレスに、自社製品のクラッチバッグ“KAREN《カレン》”をコーディネート。ドレスの色に合わせて左手にはターコイズのリングとブレスレットを。右手の金のブレスレットは、息子さんからの初めてのプレゼント。

上：２０２４年からはレザー製バッグのコレクションもスタート。南インド・チェンナイの職人の手によって織られる伝統的なハンドクラフトバッグ。下：アーティザナルな自社ブランドのバッグ。

アーティザナルなバッグに
フレンチスタイルの
モダンさを取り入れる

「アトリエの人たちとのコミュニケーションはとても大切。品質の管理だけでなく、働く人々の労働条件を確認し、よりよい環境を整えることも重要です。マダガスカルはアフリカの最貧国なので、女性たちのための自立支援が必要。だから、アトリエでは一本のかぎ針を渡して、編みの技術を教えるワークショップを行っています。細かい指導を受けることで、一年後にはみんなシンプルなバッグを編めるようになるんですよ」

とはいえ、ハンドクラフトのため、できあがった商品を確認したら、サイズや形が微妙に揃っていなかったり、色が違っていたりといったトラブルが生じることもあります。

「一般的には代理店を通じてのやりとりが主流のようですが、私たちは現地とのコミュニケーションは不可欠だと考えているので、現地のスタッフにスマートフォンを用意して、WhatsApp《ワッツアップ》で映像を見ながらプロダクトの進行具合を毎週テレミーティングして確認しています。時には納期の遅れがあったり、取り決めたことが守れないといった、先進国の価値観ではとても理解できないことが生じたりも……。といっても、そこは、お互い人と人。時間をかけてきちんと説明し、コミュニケーションをしっかり重ねることで信頼関係が芽生え、問題も解決していきます。それは本当にかけがえのないことで、この仕事をやっていて本当によかったと思います」

佐々木さんにとって、「MAISON《メゾン》 N.H《エヌアッシュ》 PARIS《パリ》」での経験は、これまでの人生の価値観を変える大きなきっかけとなったと言います。

ところで、佐々木さんには、年齢を重ねてから気持ちの上での変化はあったのでしょうか。そして、プライベートでかけがえのないと感じる時間は？

「歳を取って変わったことは、『優しい人になりたいな』って思うようになったところかしら。そして、人と人とを繋げたい。それって、今の歳だからできることだと思うんです。自分ひとりでできることは限られていますし、すべては人とのご縁のつながりで今の自分があります。だから私も、いままで築いてきたコネクションや経験を、次は、志を持ってがんばっている人に繋げられたらうれしいな、と」

仕事を終えたあと、お天気がよければ帰りにカフェに立ち寄り、テラスでグラスワインを飲むのは自分への小さなごほうびのひととき。

また、週末など自宅で気のおけない友人たちとアペリティフを楽しんだり、そんな変わらない日常がいちばんリラックスできる時間です。

通勤途中に、バスティーユ広場付近にあるお気に入りのフローリスト・VIOLETTA《ビオレッタ》へ。「展示会のフラワーアレンジメントや、友達の家に持っていくブーケはいつもここに頼んでいます」

どんなに忙しくても
肌と髪をいたわることを
心がけています

仕事中は「MAISON N.H PARIS」のシュシュで
髪をさっとまとめる。

左上：ヘッドケアで取り入れているトリートメントブースター、KJ PRECIOUS《プレシャス》 HEMATIN《ヘマチン》（写真左）とAVEDA《アヴェダ》のスカルプクレンザー（写真右）。左下：スキンケアで愛用しているオイルの数々。「美容で大切なのは紫外線対策と保湿。仕事でインドに行った時に出合った自然派コスメブランド・KAMA《カーマ》のオイルKUMKUMADI《クムクマディ》と、KAMAの高純度ローズウオーターは優れもの。肌のハリが戻ってきたように感じます」

パリに住むようになって料理の楽しさに目覚めた

お料理が得意な佐々木さんは、日曜日には欠かさず近所のバスティーユ広場のマルシェに行って、新鮮な野菜や魚を買ってくるのが恒例です。

「友達を招いてアペロ（夕食の前にアペリティフを楽しむ時間）をする日には、グリンピースのフムスなどのようにワインと一緒に軽くつまめる品を作ります。いつもの食事の鍵を握るのは野菜。『この野菜にはどんな食材が合うかしら？　鶏肉、豚肉あるいは魚？』といった具合に、まず主役となる野菜を決めてから肉や魚を選ぶんですよ」

たいやサーモン、たこなどは冷凍しておき、いわしは一夜干しにして保存。味噌と、玄米麹で作る塩麹は手作りしています。

「味噌は母が毎年作っているのを見ていたので、私も20年くらい前から自分で作るようにしています。玄米麹の塩麹に鶏肉や豚肉をつけると柔らかくなるし、スープにコクが足りないと思ったときに塩麹をちょっぴり加えると美味しくなるのでおすすめです」

そして、スパイスやお皿などは仕事やバカンスで旅したときにあちこちの国で買い集めているそう。

「グリーンのお皿はモロッコに行くたびに買ってきているんです。丸い穴が空いた木の器はモロッコ、長いプレートはマダガスカルのもの。そして、コリアンダーやカルダモン、デーツなどのスパイス類やドライフルーツが入ったこのかごは、私の宝物。乾燥したナツメの輪切りはそのままおやつのように食べてもいいし、ヨーグルトと混ぜても美味しいですよ」

常にアンテナを張り、好奇心旺盛な佐々木さんは「私は一生現役でいたい」と考えています。

「食べることは大好きなので、近い将来、食関係の分野も手掛けてみたいですね」

キッチンに立っていると時が経つのも忘れてしまう

上：お手製のグリンピースのフムスの仕上げには、オリーブオイルを。右：玄米麹で作った塩麹と、2020年に仕込んだ味噌。左上：コリアンダーやカルダモンなどのハーブやスパイスがたくさん詰まったかご。左下:セドリック・カサノヴァやGAEAなど、フランスやギリシャのオリーブオイルを料理にふんだんに使う。

右：緑色の皿はモロッコに行くたびに買い集めたタムグルートの陶器。丸いくぼみが3つあるプレートは、アプリコットの木で作られている。奥の長い皿はローズウッド素材で、マダガスカルで購入。中：コレクションしているアスティエ・ド・ヴィラットのカップ。左：パリののみの市で見つけた皿とベルギーのアントワープで買った花柄のティーカップ。

下：アンティークの棚の引き出しの中にはカトラリーを収納。左：棚の扉を開くと、バカラなどのアンティークグラスが並んでいる。

Paris Madame

3

弓シャローさん

いくつになっても
クリエーションをし続けることが
いちばんの楽しみ

age 86

アーティスト、デザイナー。1966年に渡仏し、「アンアン」「装苑」「マリ・クレール」などで連載を持つとともに、イラストレーターとしても活躍。1985年にレディースブランド「カランドリエ」を起ち上げ1996年より「ヴァンドーム山田（V de B）」のアクセサリーや小物を手掛ける。

心地よく暮らすためには〝十分なゆとり〟が必要。〝物〟も〝気持ち〟も時には手放す潔さを極めたい

パリ郊外の素敵なテラス付きアパルトマンで、ご主人と愛犬のサニーちゃんとともに暮らす弓シャローさん。弓さんのアパルトマンを訪れると、尻尾を大きく振るサニーちゃんと弓さんが温かく出迎えてくれました。

ウッディーなアンティーク棚や、ヤシの木モチーフのクッションが配されたコロニアル調のリビングにはテラスに面した大きな窓から明るい光が差し込み、穏やかな雰囲気に包まれています。大きなヴィンテージの棚の脇にはパンテールのオブジェが置かれ、その棚の上にはピエロのオブジェがたくさん並べられています。

「棚、収納ボックス、テーブルやソファは籐や木などの天然素材を使ったアンティークで統一しました。椅子のファブリックは数年毎に張り替えて、部屋の雰囲気を変えて楽しんでいます」と、弓さん。

Yumi Charrait

木々が青々と繁るテラスで、愛犬と夫とともにお茶の時間を

ジャスミンやクレマチスが美しく咲き誇るテラスで、毎日午後4時頃、夫のジャン＝クロードさんとアイスティーを飲む弓さん。サニーちゃんが家族の一員に加わってから、ふたりの会話と笑顔がよりいっそう増えた。

愛犬もアパルトマンもまさに今というタイミングで決断

サニーちゃんをこよなく愛する弓さんと旦那様のジャン＝クロードさんですが、サニーちゃんを飼う前にはかなり躊躇《ちゅうちょ》したのだと言います。

「私たちは犬が大好きなので飼いたいのは山々だったけれど、『もう私たちも歳が歳だから、もしも何かあった時には犬の面倒を見られなくなってしまう』と考えたら、やはりなかなか決心がつかなくて。息子のジャン＝ポールは『僕がちゃんと世話をするから大丈夫。犬をまた飼ったほうがいいよ』と何度も勧めてくれたんですが、サニーを迎え入れることになるまでに4年間、夫とともに話し合い、考え続けました」

ペットを飼うということは、大切な命を預かるということ。それは、とても大きな責任を伴うこと。優しい弓さんとジャン＝クロードさんは、そう考えます。

とても仲のいい弓さんとジャン＝クロードさんですが、実はしばらく別居生活をしていた時期があったと言います。

「彼が40歳くらいだった頃に体調を崩してしまって、何度検査をしてもなかなか病名が判明せず、その間、彼は体調が悪いうえにその原因が一向にわからないことにもいらついていて機嫌が悪かったんです。息子の前では言い争う姿を見せませんでしたが、このまま一緒にいるよりも、私は家を出たほうがいい……。そう考えた末、私は家から去ることを決意したんです」

その後、ジャン＝クロードさんの腎臓の片方が機能していないことが判明し、摘出手術をすることに。次第に健康を取り戻していったのですが、当時、息子のジャン＝ポールさんはジャン＝クロードさんと一緒にこのアパルトマンで暮らしていました。

ではなぜ、おふたりはまたこうして仲良く人生をともにできるようになったのでしょうか？

「ジャン＝クロードと息子の元を離れてから約5年後、私は引っ越しをしなくてはならなくなって。そんな時に、ちょうどこのアパルトマンの隣の住居が売りに出されたんです。そのことを親友に話したら『弓、戻るなら今よ！今、この時を逃してしまったら、もう二度とチャンスはないわ！』とアドバイスしてくれたんです。私自身も『そろそろ帰らないと、息子に母親として

長年かけてコレクションし続けてきたピエロのオブジェ。いちばんのお気に入りはオルゴールになっているもの。ジャン＝クロードさんがリタイアしてすぐの頃にフロリダで買ったピエロのオブジェには、帽子を被せて。

左上：淡いミントグリーンの壁が美しいダイニングルーム。やしの木モチーフのテーブルクロスやカーテン、椅子のクッションは弓さんのお手製。左中：家族や愛犬との写真。左下：マドモアゼルノンノンの思い出深い広告写真。「荒巻太郎さんに『君たち、最年長の“父と娘”で登場してよ』と頼まれて、パパスを着た父（建築家の高木秀寛氏）と一緒に撮影したんです」

アンティーク家具と思い出の写真やオブジェを調和させた空間

右端の棚はミニバーで、瓶の高さやエチケット（ラベル）がバラバラなお酒のボトル類をしまってある。その隣の棚の中にテレビが入っていて、扉を開くと画面が現れる。目につくと気になってしまうものをアンティークの家具で隠してしまうというアイデアが随所に散りばめられている。

認めてもらえなくなってしまう』と気にしていたころだったので、彼女に背中を押してもらえたお陰で、こうしてまた一緒に暮らしているんですよ」

そういったいきさつによって、このアパルトマンの隣室も購入した弓さんとジャン＝クロードさんは、ふたつの物件を繋げて一緒に住めるようにリノベーション。そして、よりいっそう快適に暮らせるようにとの配慮から、ベッドルームとキッチンダイニングルームの扉をすべて取り去って、ひとつの空間としてまとめました。

「帽子を被ったピエロのオブジェを置いているその向こうは、ベッドルーム。リビングと繋がっているので開放感があるでしょう？」

自分の才能を信じて、あえてフリーランスとして活躍

快適に暮らすためのアイデアに長け、みなぎるエネルギーで行動する弓さん。実は、専業主婦の女性がほとんどだった時代に、会社の社員として働くのではなく、自身の才能を生かしてそれに見合った報酬を得るという〝フリーランス〟としてファッション業界で活躍した第一人者です。

「おしゃれに興味を持っていた私はある日、長沢節さんのファッションイラストレーションを雑誌で目にしたんです。『私が求めているのは、これだ!』と直感しました。すると、ちょうど私が通っていた女子美術大学の近くに長沢さんの学校セツ・モードセミナーが開校して。だから、昼は女子美へ、夜はセツ・モードセミナーへと、3年間必死で通い続けました」

努力家の弓さんに目を止めた長沢節さんが仕事を紹介してくれたのをきっかけに、イラストレーター、デザイナーとしての第一歩を歩み始めます。

「その後、雑誌『アンアン』や『装苑』『ミセス』などの仕事も入るようになり、企画から撮影、原稿まですべて任せてもらえるようになりました。私がデザインしたニットを手先が器用な母が編んでくれて、その写真を掲載したページは大好評でした」

こうしてフリーランスのイラストレーターからスタイリスト、エディター、デザイナーへと仕事の範囲を広げた弓さんは、昼夜を問わず懸命に働き続けたのです。けれども、23歳の春、日々の過労とストレスで倒れてしまいます。

「10日間、集中治療室で面会謝絶の昏睡《こんすい》状態に陥って、2か月の入院。インフルエンザの菌による脳《のう》脊《せき》髄《ずい》膜《まく》炎《えん》になってしまっていたんです」

バッグやポーチ、ポットホルダーなどをたくさん縫って、友達にプレゼントしている。「常に手を動かしているのが好き」

クリエーションし続けることは生涯における変わらないテーマ

右：お手製のレースとスパンコールの華やかなブローチ。
左：コレクションしたパールやビーズで作ったアクセサリーは、鏡張りのジュエリーボックスで大切に保管。

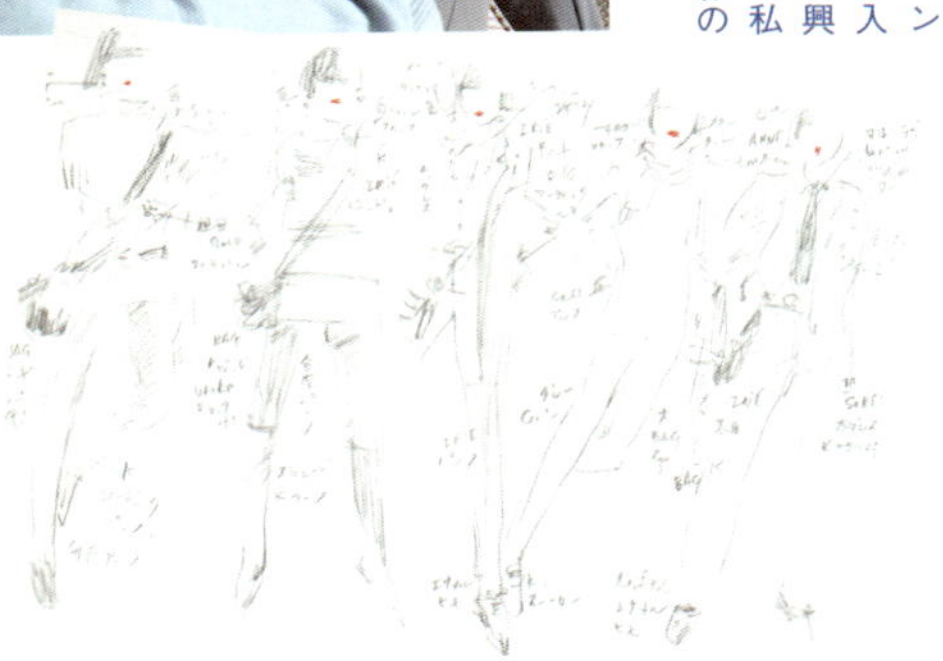

左上：iPadでイラストを描く弓さん。コンピューターなどの最新技術も、できる限り取り入れるようにしている。「夫は『人は常に何かに興味を持ち続けなくてはいけない』と言います。私も常に前に進み続けていたい」下：今回の撮影のために着る服をシミュレーション。

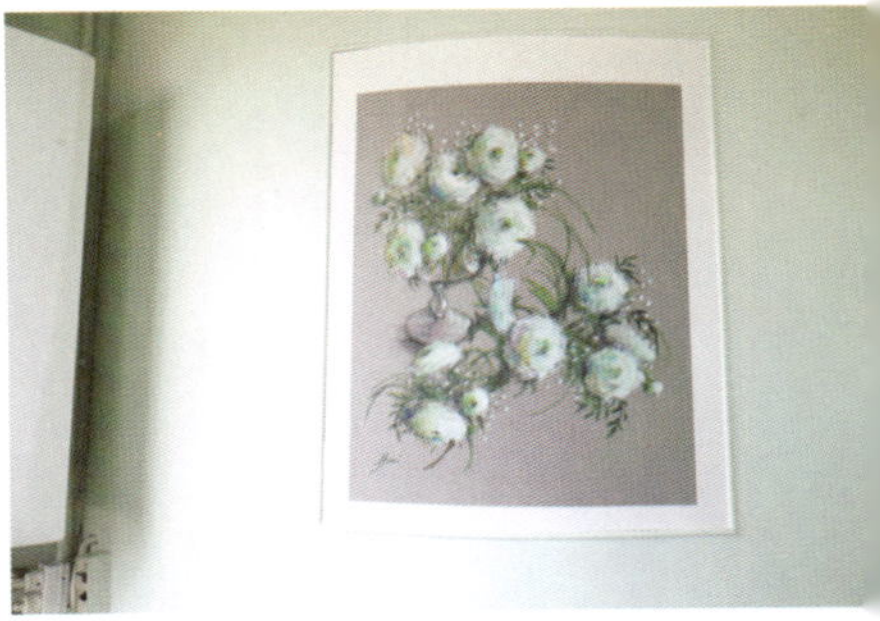

上：アフガニスタンから持ち帰ったアンティークのライフルが目を引くベッドルーム。「さすがにこの銃は私が使ったものではないけれど、実は射撃が得意で、ライフル22口径を使えるの。昔、別荘があった大磯の山で野鳥を打って狩猟の腕を磨いていたから」下：弓さんが描いた水彩画の新作。

有島家の家紋が彫られた金のブレスレットは、弓さんの大叔父にあたる画家の有島生馬氏がヨーロッパに住んでいた頃に妹の志摩子さんへと贈った品で、弓さんの宝物。天然のタヒチパールにリボンを通したお手製のブレスレットと合わせてつけている。

そんな命を脅かすような大病をしたにもかかわらず、ファッションの都パリで働くという夢を決して諦めなかった弓さん。恵まれた家庭に生まれたけれど親には一切頼らず、27歳のときに、自らが稼いだ200万円を手にフランスへ渡り、パリで働き始めたのでした。

「高田賢三さんと一緒にフランスのアパレル会社のデザイナーをしたり、『アンアン』や『装苑』などのルポライターやコーディネーターをしたあと、1985年に東京ブラウス株式会社から、レディースのトータルブランド〝カランドリエ〟を立ち上げ、その後、同社のパリオフィスを任されました。1996年からはジュエリーメーカー・ヴァンドーム山田のアクセサリーライン〝V de B〟のデザイナーを務めることになり、さまざまな経験を満喫してきました」

弓さんにとって、自分で働いてきちんと稼ぐことは、とても重要だったと言います。

「それは女であれ、男であれ、同じこと。人に寄りかからずに、自分ですっくと立ち、歩み続ける。常に、独立心をしっかりと持ち続け、自由でいることが大切です」

リタイア後にスタートした新たな芸術人生

そんな売れっ子だった弓さん。ですが、自分自身で潔く「私は65歳で仕事を辞める」と決意したといいます。引く手あまたで、しかもフリーランスならば、定年の年齢を決める必要はなかったのでは？

「やりたいと思った仕事は、もう十分にやったと思って。若いうちから仕事を始めて、ずっと働き続けてきました。その間、家族3人がそれぞれ別々にまったく違う国に住んでいた時期があったんですけれど、夫に『あなたはサウジアラビア、息子のジャン＝ポールはブエノスアイレス、私はパリと日本とを行ったりきたり……。こんなふうにみんなバラバラで暮らしていて、ある時突然何か起こったら、いったいどうするの!?』と言ったら、彼に『そんなことは何かあった時に対処すればいいんだ。むしろそんな心配をするせいで健康を損ねるほうがもっと悪い』と言われて。目からうろこが落ちました」

そして、ジャン＝クロードさんは58歳でリタイアし、エベレストやモンブランやキリマンジャロ、ヒマラヤ山脈などを登頂する本格的な登山家に転身。

日当たりのいいテラスでは、シブレットやイタリアンパセリ、ルッコラ、ローリエ、グリーンピース、いちごなどのハーブや野菜、フルーツを育てている。

健康でいるために にんにく、サプリメント、散歩をルーティンに

下：朝晩、6種類ほどの薬やサプリメントを欠かさない。右：動脈硬化や心臓病の予防ににんにくを。「紫色のにんにくをみじん切りにしてガラスのボトルに入れ、菜種油を注ぎます。2～3日は持つので、作り置きして炒め物や煮物などにどんどん使っています」

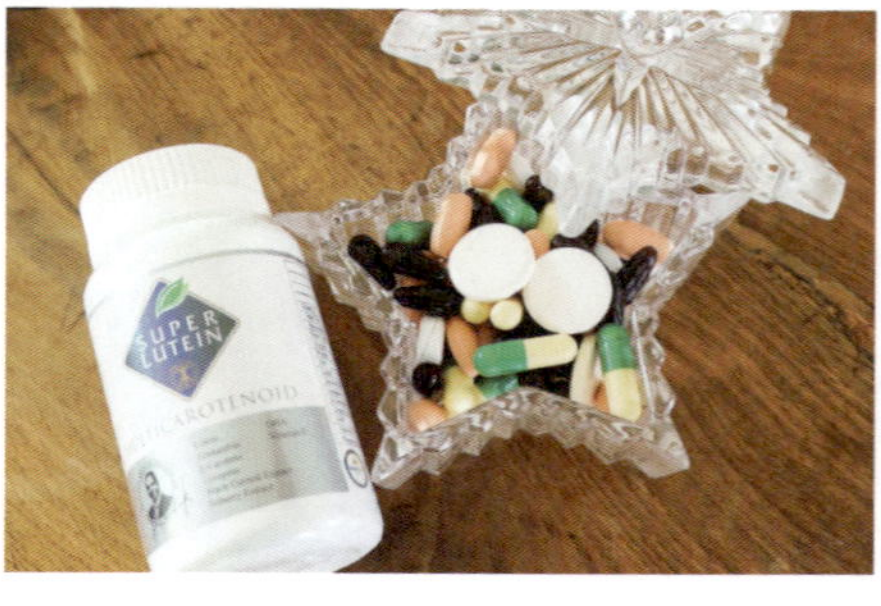

右：レクレルールで買ったウールのトップスの上からグリーンのストールをかけ、散歩へ。上：サクレ・クール寺院の近くにある生地屋「マルシェ・サンピエール」へ布を探しに。左：友人とレストランへ行く日のコーディネート。装いはIRIÉ。

右：歴代の愛犬たちの懐かしい思い出があるドッグベッドでお昼寝中のサニーちゃん。
左：いつの時代も変わらない、笑顔がチャーミングな弓さんの写真。

「夫から『今度はこの国に旅行に行こうよ』と誘われても、仕事をしていた時は『その時期は無理』と、断ることも多かった。でも、これからは彼と一緒にいろいろなところを旅したり、やりたかったアート活動をして過ごしたい。そう思って、潔く65歳を定年にすると決めたんです」

仕事を辞めてもテンペラ画を改めて習い始めたり、油絵の個展を開いたり、バッグやアクセサリーを作ったりと、弓さんの創作活動は続いています。

本当に大切なものだけを残すことで潔く生きられる

また、仕事を辞めてからは、必要がなくなったものを手放すためのダウンサイジングの時間にも当てているそう。

「身のまわりが物でいっぱいだと、その〝物〟に振り回されてしまう。それって、とても残念なこと。空間も心も常にすっきりと暮らしていたい。着なくなった服や使わなくなった小物、食器などは赤十字団体に寄付しています。ジュエリーも、歳を取ると手にシワがでて、輝く宝石がついたリングはなんだか仰々しく見えてしまうでしょう？　逆に、40代の姪《めい》たちは本物のジュエリーに惹かれる年頃だろうし、実際、それが似合う。だから、本当に思い入れのある指輪をひとつだけ残して、あとは全部姪《めい》たちにあげました」

とても素敵な叔母様を持って、姪御さんは幸せですねと伝えると、左腕のブレスレットを見せてくれました。

「これは、私の祖母の形見です。祖母の兄で画家だった有島生馬が、イタリアやパリに住んでいた時、妹の志摩子のためにとオーダーメイドした贈り物。丸い金のパーツには、有島家の家紋が彫られています」

書や絵にも長け、粋で話も面白く、人気者だったという祖母の志摩子さん。

「祖母は105歳まで寝込むこともなく、自分でお手洗いにも行っていました。私も祖母のように、最後までしっかりと自立した人でありたい。だから、健康には気をつけています。それに、不要な物をたくさん残しておくのは、あとに残される人に対して失礼ですしね。夫と息子には『私の亡きあとは、すべて処分してください』って伝えています」と、人生観を語ってくれた弓さん。

「この祖母の形見のブレスレットは、いずれは姪へ贈ることになるのでしょう。有島一族の小さな宝として、代々受け継がれていくことでしょうね」

料理もふたりで。「野菜をたっぷり」がルール

上：水牛のモッツァレラ、インゲン、トマト、松の実、ルッコラのサラダ。下：メインディッシュは、ジャン＝クロードさんが腕を振るった“プティ・ファルシ”。トマトやズッキーニ、パプリカの中に挽肉とパン粉、卵をこねて詰め、オーブンで焼く。「南仏の夏の名物料理なんですよ。オリーブオイルだけでなく、バターもたくさんのせるのが美味しく作る秘訣」とジャン＝クロードさん。

上：ダイニングとキッチンの扉を取り払うことで、開放感を感じさせることに成功。「できたてのお料理をスムーズにテーブルに並べられます」下右：デザートはカスタードクリームの上にメレンゲをのせカラメルソースをかけた“イル・フロッタン”。下左：「毎日、雲の流れや移り変わる空模様を眺めるのも幸せを感じるひとときです」

Paris Madame

4

篠あゆみさん

パリは仕事も出会いも暮らし方も
新しい発見や気づきとともに
幸せをくれる私の居場所

age 65

多摩美術大学卒業後、スタイリストとして活躍。1999年の渡仏をきっかけにフォトグラファーに転身。雑誌やパリ在住の雨宮塔子さんなどの書籍の写真も手がける。2021年春、パジャマブランド「pageaérée（パージュアエレ）」を発表。

移住して24年、離れると恋しくなる心のオアシスでシンプルで心地いい暮らしを実践中

東京でスタイリストとしてキャリアをスタートし、人気ミュージシャンや俳優、タレントなどを数多く担当していた多忙な時期に、パリへ移住した篠あゆみさん。現在はパリを拠点にフォトグラファーとして活躍しています。

「スタイリストをしていたころは、24時間フル稼働が当たり前の時代。そんな日々を何年も送るうちに、顔面神経痛、自律神経失調症になって心身がボロボロになっていました。こんな生活をずっと続けて、自分の人生に悔いがないのか……。でも、いいお仕事がきたらやりたくなるし、ズルズルと先延ばしになって結局何も変わらない。国を変えるぐらいの冒険をしないと仕切り直せない！と、思い立ちました」

頭に浮かんだのが大好きなパリ。すべての仕事をいったん止めて3か月の休養を取り、完全プライベートでパリに渡りました。

離れると恋しくなり
戻るとほっと安らぐ
温かくて大切な場所

Ayumi Shino

住まいは温かな日差しが注ぐおしゃれなアパルトマン。窓からは街路樹の緑が望める絶好の環境。壁には敬愛するフィリップ・ワイズベッカーの作品がセンスよく飾られている。1脚ずつ買い足した椅子やキャビネットなどの家具とは古い付き合い。

「清水の舞台から飛び降りるような気分でしたが、当時の私には必要な時間でした。小さなアパルトマンを借りて最初の2か月は語学学校へ。少し慣れてきた残りの1か月は自由に遊ぶ。そしたら帰るころには楽しくなって……」

もともと趣味だったカメラを手に大好きなパリで写真を撮る日々。パリで活躍していたフォトグラファーの山本豊さんと再会し、ネガフィルムの魅力にもハマりました。こうした仕事以外の充実した時間を過ごしたことで、リセットの決心がついたそうです。

「日本に戻ってすぐに、1年後にスタイリストを辞めてパリに移住することを宣言しました。先のことは考えてはいなかったけれど、いろいろなことがふっきれて新しいステージに心が躍っていましたね」

大好きなパリと写真が素敵な出会いをくれる

移住して篠さんのライフワークになっていったのが写真を撮ること。現像の道具を一式持ち込み、パリの風景や街で出会った人たちを撮影しながら作品作りに没頭しました。

「写真は趣味で、フォトグラファーになりたいなんて思ってもいませんでした。スタイリスト時代に自分だったらこう撮りたいみたいなものがあったから、自分の視点で撮ることがとにかく楽しくて。山本さんのお手伝いでいろんな現場にも連れて行ってもらい、とっても刺激になりました」

パリに来て1年くらいが経ち、「そろそろ仕事をしないと」と思い始めたころ、雨宮塔子さんの雑誌の連載の撮影オファーが舞い込みました。

「私でいいの？ と思いましたが、雨宮さんも文章を本格的に書くのは初めてで、私も写真の勉強を始めたばかり。編集の方の『ふたりの成長の記録にしてください』という言葉に背中をおされてチャレンジさせていただきました。これが私のフォトグラファー人生の始まりです。ですから、雨宮さんとは特別な絆が生まれて、最近もパリで新刊の撮影をさせていただきました」

これをきっかけに、フォトグラファーとして活動の場を広げた篠さん。フランスだけでなく、欧州各国、エジプトやモロッコなどさまざまな国を訪れ、多くの人と出会って撮影してきました。

「アニエス・ベー、フィリップ・ワイズベッカー、ジェーン・バーキン……憧れの人にもたくさん出会えて幸せですね」

いたずら好きの愛猫チグルとの暮らしから普段は飾らないお花を、友人を招くときに飾ってみる。こんな少しの変化で空間が華やかになり、気分も上がる。

上：ベッドルームも朝から気持ちよい光が差し込むお気に入りの場所。下右：旅先や蚤の市、ギャラリーなどで購入したオブジェや小物をコーナーに。下左：師匠の山本さんをお手本に自作したドライフルーツは、かんきつを乾燥するまで放置するだけのお手軽なものだけど、飾るととっても絵になる。

自分の価値観を大切に 好きなものだけに 囲まれて暮らす

個人主義だけど心地いいフランス人の気質がフィット

パリで暮らし始めたころに出会ったフランス人の男性と結婚。10年くらい前に別れましたが、彼との生活からフランス人の気質や向き合い方を学んだと振り返る篠さん。最初に戸惑ったことは、自分の考えや思っていることを口に出してはっきり伝えること。仕事でもプライベートでも、あのときそう思ったとか、やっぱりというのはルール違反。日本では爆弾発言みたいになるようなことでも、フランスでは普通だと言います。納得がいかないことは議論になりますが、引きずらないので関係性が壊れることはありません。

「フランスは個人主義だけどとってもフレンドリー。アパルトマンの中ですれ違う人とは必ずあいさつをするし、お店では店員さんと声をかけ合います。信号待ちしている時に、道路の向こう側の人と目があったらニッコリ笑顔を交わしたり、知らない人が冗談を言ってきたりすることも。だけど距離感を忘れないから心地いいんですよね。反対に怒りのエネルギーもすごくて、時々びっくりすることもあるけれど、人間らしくて私には合っています」

日本人の友人たちとも深いつながりが生まれる

パリで暮らす日本人同士の絆も強く、同じような苦労や悩みを相談したり助け合ったり、親戚みたいな関係を築いていて、篠さんにとってても支えになっています。東日本大震災の時には、「日本のために何かできないか」と友人が2011年の春にチャリティ団体〝HOPE《ホープ》 &《アンド》 LOVE《ラブ》 PARIS《パリ》〟を立ち上げました。篠さんも、初回からメンバーとして参加しています。

「毎年、パリと東京でチャリティイベントを行っていて、そこでつながりが広がっています。私は国内外で活動しているフォトグラファーが撮影を行う〝写真館〟に参加していますが、寄付や協賛を集めたりするのは大変なようで、より絆も深まっているようです。また、パリはボランティアは特別なことではなく日常にあって、リタイアした人がボランティアに参加するのは普通のこと。ファッションのグランメゾンも気持ちよく協賛してくれました。ありがたいですよね」

惹かれるのはいつも味わい深い古い物

上：日本で出合った江戸・明治時代の古伊万里の印判。貴重なものでも仕舞い込まずに使うのが篠さん流。下右：カーテンは刺しゅうがアクセントになったシーツや布を吊るしてアレンジ使い。下中：色や形が可愛くて増えていったル・クルーゼの鍋。下左：フランスやベルギーの蚤の市でコツコツ集めた19世紀のビストログラスやシャンパンクープ。

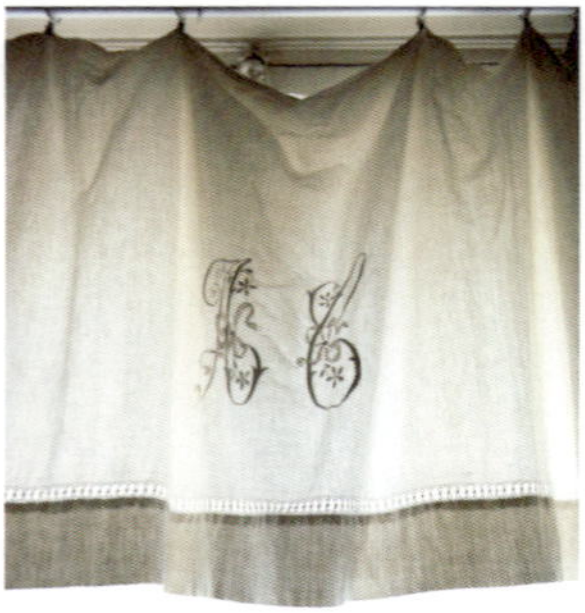

上右：形が好きでついついコレクションしてしまう水差しはオブジェにも。散らかりがちな布類はおしゃれなかごに収納。上左：出番の少ないアクセサリーや小物も仕舞い込まずに素敵にディスプレイ。下：アンティークのタイルやペーパーウエイト、散歩中に拾った石ころなどもオブジェの一部に。チグルがいたずらすることを想定して並べている。

ホームパーティやピクニック、小さな楽しみが暮らしの中に

篠さんのパリでの暮らしはとても穏やかです。住まいはカフェやバーが立ち並ぶハイブリッドで緑豊かなエリアにあり、自宅からの眺めも最高。朝起きた瞬間から気持ちよく、下に降りれば好きなカフェにも行ける。10年前の離婚で身軽になり、今は愛猫チグルと気ままな暮らし。仕事がない時は、マルシェに足を運び、友人を招いて大好きな料理を振る舞います。

「暖かい季節はピクニックへ。私が住むモンマルトルには大きな公園あり、そこは森みたいで気持ちいいんです。フランス人もピクニックが大好きだから、結婚していたときも毎週末のようにピクニックに出かけていました。ちょっとした手料理を持ち寄り、おいしいワインがあればご機嫌です」

7~9月は名だたるミュージシャンのライブを楽しみながら、また野外映画も夏の風物詩になっています。

「パリは美術館が多く、区内の常設展はフリーで観られるので散歩のついでに訪れることも。アートが身近にあるのはうれしいですね」

好きな物だけに囲まれてシンプルに暮らす

自宅には蚤の市などでコツコツ集めたグラスや食器、旅先で出合った小物、大好きなアート作品、長年連れそう相棒のような家具が並びます。どれも篠さんの審美眼にかなった味わい深い物たち。好きな物だけに囲まれた心地いい空間で、チグルと過ごす時間を大切にしています。

「フランス人は身の丈に合った美意識を大切にしています。だから必然的にシンプルな暮らしになる。人も物も抱え込まない、そんな生活に憧れますが、私自身はもともと物を買うのが大好きだから、持ち物の量は多めです。最近になってようやく気分が変わり、物を買わなくなりました」

片づけが大の苦手という篠さん。先延ばしにしていたダウンサイジングを少しずつ始めたそうです。

「フランスはサステナブルの意識が高くて、昔から買い物にはエコバック持参は当たり前。週末になるとvide《ヴィッド》-grenier《グルニエ》（屋根裏を空にする）というフリーマーケットがパリ市内のあちこちで開催され、街角には古着や布などを入れ

上右：自身のブランド「パージュアエレ」のパジャマ。洗うたびに風合いが増す二重ガーゼは肌当たりがやさしく心もほぐしてくれる。上左：実家で見つけた古い着物の反物をモロッコでバブーシュに。下：パージュアエレのパジャマは外出着にもできるデザイン。篠さんも日常着にしている。

納品前は画像処理に追われるので、おうち時間ではデスクワークも必須。集中しているとかまってちゃんのチグルがPCにスリスリ。愛らしい姿を見ると気分転換に。

17年前、友人の旦那さんの実家で生まれて、すぐに引き取ったチグルが暮らしの中心に。高齢になったチグルと過ごす時間を大切にしている。出張で家を空けたり、長い闘病生活中も友人たちが預かってくれて、今ではみんなのアイドル的存在に。

いちばん身近にあるのは 心とからだを癒やす 私のとっておき

右：大好きなお茶。右は最近よく飲んでいるオーガニックのルイボスティー。左はベルギーのブリュッセルでしか購入できないCOMPTOIR《コントワール》 FLORIAN《フロリアン》の紅茶。
左：愛用の食材。右から、長年愛用しているオーガニックの白バルサミコ酢、マダガスカルの黒こしょう、ギリシャのエキストラヴァージンオリーブオイル、イル・ド・レ島のフルール・ド・セル（塩の花）。

られるリサイクルボックスが設置されていて、さまざまなリサイクルが気軽にできます。循環型社会の仕組みが構築されているので、私自身、リサイクルやエコの意識が変わりました」

闘病をきっかけにブランドを立ち上げ新たなステージへ

そしてもうひとつ、篠さんが新しく始めたこと、それは物作りです。自身の闘病経験を生かし、素材とディテールにこだわった快適なパジャマブランド「パージュアレエ」を立ち上げました。

「2017年に乳がんを患い、日本で治療を行っていました。順調に回復しましたが、次に直腸がんが発覚して今度は抗がん剤治療が必要になり、きつい副作用で将来のことが全く考えられない状態に。つらい闘病生活は2年におよび、1日をやり過ごすのだけの日々。でもある日、からだにやさしいパジャマがあればいいのに、元気になったら作りたいな、と未来のことを考えられた瞬間がありました。これは絶対に実現したい！　闘病中の小さな光が、ブランド立ち上げのきっかけでした」

その夢は、現在、パジャマの生産やハンドリングを行っている親会社との出合いで実現。生地は日本の伝統的な手法で作られた100%オーガニックの和ざらし。空気を含んだような特別な着心地とストレスフリーのやさしいディテールもこだわりです。デザインは蚤の市で見た100年前のリセの制服や、パリジェンヌやパリマダムたちの着こなしなど、闘病中に恋しくなったパリのライフスタイルから生まれています。

「無事治療を終えて、そのまま日本で暮らす選択肢もあったけれど、やっぱりパリが好き。早く帰りたいって思ったんですよね。長く病室にいたこともあって、パリの空気や日差し、風景がとっても恋しくなりました」

篠さんにとってパリは、ほっと安らぎを与えてくれる自分の居場所。ですがパリに移住して24年、そろそろ先のことを考える時期に入ったようです。

「フリーランスなので仕事の区切りは自分で決められるけど、いつまで続けられるかはわからない。チグルも17歳だし、日本に戻るなら私も元気に動けるうちにと思うようになりました。日本に戻るとしても、東京以外の選択肢も入れて模索中です。場所が変わると撮りたいものも変わる。そう考えると次のステージに進むのもいいかなって思っています」

右：プレゼントにもらうことが多かったフレグランスはオブジェにも。最近は使うことも増え、香りを楽しんでいる。
左：10年前にモロッコで購入したショルダーバッグ。フランス人デザイナーがマラケシュでやっているブランドで、あまりの可愛さに色違いで持ち帰ったそう。カジュアルにもドレスにも、さまざまなシーンで活躍。

闘病中にバンダナ代わりに頭に巻いて気分を上げていたというエルメスのスカーフ。もともとは母親にプレゼントしていた物で、ヴィンテージの物も。なかでも右のウサギキャラが描かれた河原シンスケさんデザインの物は重宝したそう。

街を歩くだけで
気分が上がる。
パリは私の元気の源

散歩が日課のようになっている篠さん。自宅付近にも街路樹があり、どこを切り取っても絵になる。コーディネートはリゼッタのリネンワンピースにステラマッカートニーのパンツ、A.P.C.のサンダルを合わせて。

Paris Madame

5

角田雪子さん

自然を愛する心と
感謝の気持ちに気づいた
郊外での暮らし

age 72

1991年結婚を機に、渡仏。1997年TSUNODA PARISを立ち上げる。2022年にアトリエを閉めたあとも、ホームページ（https://tsunoda-paris.com)のe-shopにてアーカイブコレクションを販売し、好評を得ている。

パリと郊外の2つの家を行き来する暮らしがセミリタイア後の自分の在り方を導いてくれる

パリから電車で1時間、さらに駅から車で30分ほどのラ・フェルテ・ゴーシェというのどかな街で暮らす、デザイナーの角田雪子さん。２０２２年のセミリタイア後は、パリの11区にあるアトリエとこちらとの2拠点暮らしですが、ほとんどの日を広大な林に面した美しいこの別荘で過ごしているそうです。

「この家には、22年前から住んでいます。庭は2・7ヘクタールあり、樹齢２００年のセコイアや樹齢１５０年の杉が生えていて、木陰は夏でも涼しいので、夫のアランと一緒に、庭でよくティータイムを楽しんでいます」と、角田さん。

「住み始めてすぐの頃は、鹿やキツネ、キジなどもこの庭に姿を見せたんですよ。さすがに今は、近所に家が建ったので来なくなってしまいましたが。

穏やかな陽だまりの中で生きることと自然について考える

Yukiko Tsunoda

玄関の前にテラスを設けて屋外での食事を楽しむ。目の前に一面に広がる木々の姿を眺めつつ、鳥のさえずりを聞きながら味わう食事はまた格別。

今でもリスやカモがやってくるので、鳥とリス、カモ、野良猫のための家を作ったんです」と、アランさんが教えてくれました。

「そう。だから私は毎朝、起きたらまず動物たちにえさをやるのが日課。朝はとっても忙しいんですよ」と、角田さんはうなずきます。

大地のエコシステムについて考えながら製作を

角田さんは「TSUNODA《ツノダ》 PARIS《パリ》」のデザイナーとして、天然素材とアーティザナル(職人的)な服作りをコンセプトとしたフレンチカジュアルな服の数々を、2022年にセミリタイアするまで発表し続けてきました。

「ベーシックな服よりも、デザインやテクニックがほかとは違う、デザイナーの思い入れが少し見え隠れするような服が好きなんです。ファストファッションのように簡単に着られて、簡単に破棄されて、最終破棄地のアフリカの土地を汚染させているものとは少し距離を置いて、〝いいものは長く着られる〟ということが伝わる服作りがコンセプトです」

だから、春夏物にはコットン、シルク、麻を。秋冬物にもウールやカシミアなどの天然素材が多く用いられています。特に綿はできるだけオーガニックコットンを使うように心がけています。

「オーガニックコットンは肌ざわりがやさしいし、栽培する際に化学肥料や農薬を散布しないので、大地のエコシステムにそれほど影響を与えずにすむというのは好ましいことですよね」

ひとつの服を作るには長い時間が必要

ひとつの服が生まれるまでには、長い時間がかかります。

「まず、素材を探すために生地などの国際展示会で何点か布を選びます。そして、素材に合うデザイン画を描き、パタンナーにその形をシーチングで立体的に起こしてもらい、仮縫いや修正といったファーストチェックをしたあとに、再び修正後のサンプルを確認する。この作業を何度か繰り返していくと、ほぼ一週間くらいで最終サンプルに合格が出ます。まとまったひとつのコレクションを提案するには60〜100点用意するため、ワンシーズンのコレクションが完成するまでには3か月ほどかかります」

右：アザミ柄のアンティークのティーセットでお茶を。シュケット（シュー生地に砂糖をまぶしたお菓子）を添えて。左：庭で摘んだミニローズを飾り、お皿、リネン、カトラリーを選び、テーブルセッティングを楽しむ。

レトロなホテルのお茶の時間をテーマに創造する時間

右：ランチのデザートは、ポタジェ（家庭菜園）から摘んできたフランボワーズ（ラズベリー）をのせたタルト。左ページ上：角田さんの満ち足りた笑顔が印象に残る。左ページ下：庭の大きな杉の木の下でアランさんと語らう。

そのできあがったコレクションを発表するための展示会の準備や展示会場での接客、オーダーのまとめなどは、ディレクターのアランさんの担当。

また、生地などの素材が届いたらそれらを縫製工場にパターンを添えて送り、商品ができあがると検品後に各顧客へと商品を発送、そして、各業者への支払いや、何かトラブルが生じた際に対応するのもアランさんです。

「私たちの仕事は、早く、安く、大量に作るアパレルとは違い、どちらかというとアルティザン（職人）の仕事なので、時間をかけて丁寧に物作りを出きる環境の中で仕事ができて幸せだったと思います。それに、フランスだけに留まらず、イタリアなどヨーロッパのほかの国々の上質な素材を実際に自分の手で扱えたのもありがたいことでした」

そして、この仕事でのいちばんの愉しみは、できあがったばかりの新作コレクションの撮影です。

「単にモデルを起用したファッションシューティングではなく、野に咲くやさしさとワイルドさを内包したシャンペトル（田園風）な花のアレンジメントと服をコーディネートして表現することが、私らしさを伝える術だと思い、今に至ります」

野の花のアレンジメントだけでなく、冬は枯葉やグリーンでクリスマスリースを作ってパリのブティックやヘアサロンのウィンドウに飾ってもらうなど、服以外のクリエーションも楽しんでいるという角田さん。ドライフラワーや野の花を飾った空間は、穏やかでノスタルジックな雰囲気に包まれると評判です。

オーガニックフードをアンティークの食器で味わう

ここでは、アンティークの家具に始まり、部屋に飾られたオブジェも、食事で使用する食器やカトラリーも、ほとんどすべてがアンティークです。「この家から車で30分くらいの街で毎週土曜の午後にブロカント（古物市）をやっているので、そこでいろいろ見つけています。年齢を重ねてきて、歴史のある古い物が愛おしいと思うようになりました。丁寧に作られた美しい装飾の家具や、植物が麗しい曲線美を描くアールヌーヴォー様式の皿など、素晴らしい〝時代遺産巡り〟ができるブロカントに行くと、美術館を訪れているような気分に浸れます」

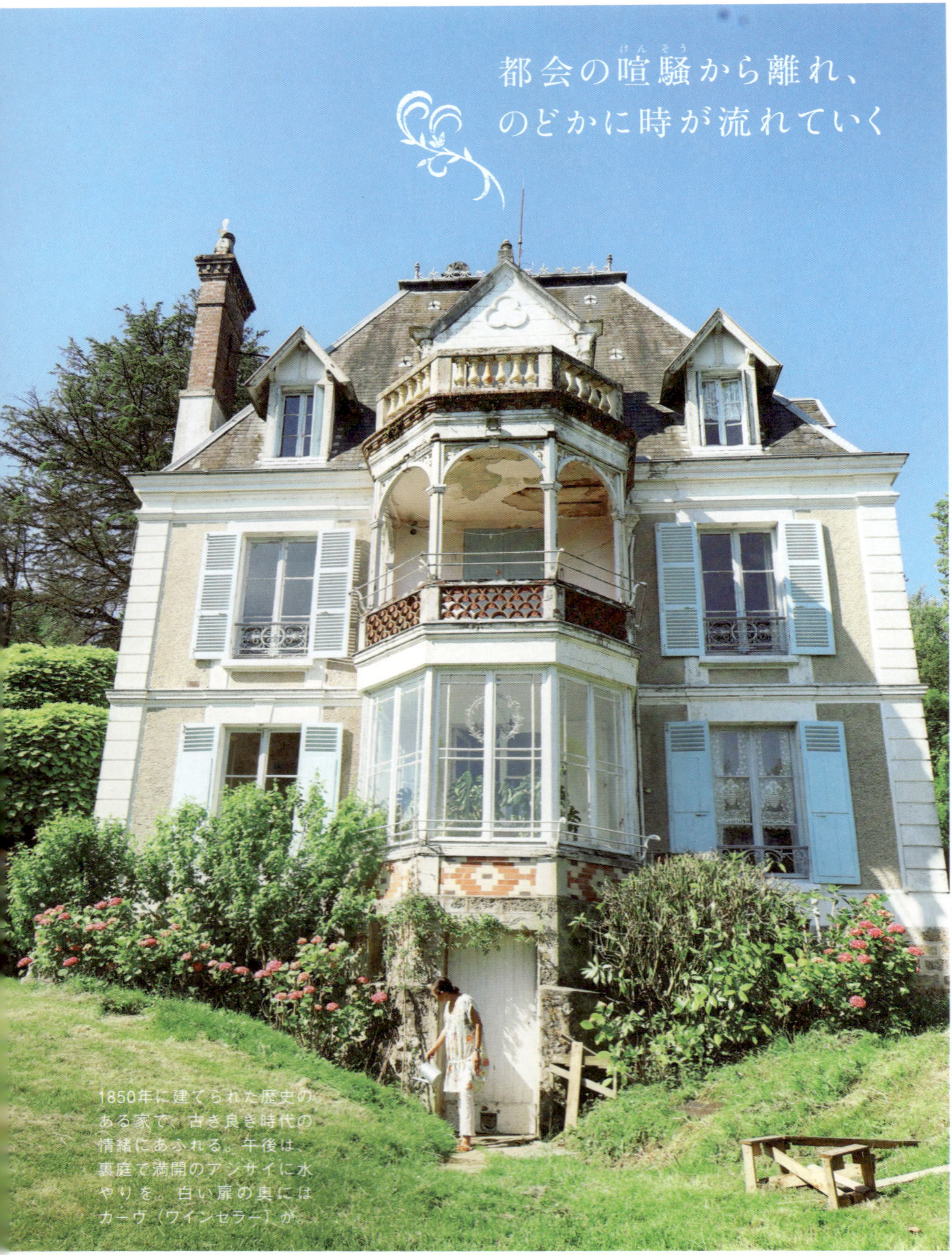

都会の喧騒《けんそう》から離れ、のどかに時が流れていく

1850年に建てられた歴史のある家で、古き良き時代の情緒にあふれる。午後は、裏庭で満開のアジサイに水やりを。白い扉の奥にはカーヴ（ワインセラー）が。

上右：ホーローのポットに野の花を。躍動感を感じさせるシャンペトル（田舎風）スタイルのアレンジメント。上左：玄関を入ってすぐのテーブルにはドライフラワーが。敷地内の2.7ヘクタールの庭には野の花が咲いて摘み放題。下右：どこからともなくやってきて、矢車草とスイートピーの鉢の前でくつろぐ野良猫。下左：真っ赤に熟れたフランボワーズ（ラズベリー）を収穫。

朝食は、レトロなホテルのブレックファスト風に。午後にはお茶ごっこをして楽しんでいるという角田さん。庭から摘んだフランボワーズ（ラズベリー）でジャムを作り、アップルタルトは薄切りにしたリンゴをバラの花のように配置。テーブルには野の花を飾ります。森から摘んできたイラクサで作る西洋薬膳スープも定番メニューのひとつです。

「イラクサには鉄分やカルシウム、ビタミンなどの栄養が豊富に含まれているので、疲れを感じた時に漢方薬のように取り入れています。とげがあるので摘むのは大変なんですが、さっと洗って、ジャガイモやニンジン、玉ねぎ、西洋ねぎなどの野菜と一緒に煮込んだあとにミキサーにかけて完成。最後に豆乳をまわしかけていただきます」

リタイア後に増えた、自然環境について考える時間

とても料理熱心な角田さんですが、デザイナーとして仕事に励んでいた頃はほとんど料理をしたことがなかったのだといいます。

「働いていたときは料理を作る時間がなかったし、苦手でした。でも、セミ

リタイア後は時間は十分にあるので、YouTubeなどを見ていろんなレシピや新しい調理の仕方を試してみたら、結構面白い。もともとクリエーションすることが好きだから服作りをしていましたが、それを辞めたら、クリエートすることがなくなってしまって……。でも、料理もクリエートのひとつだということに気づいたんです。毎日の食生活を整えることは、幸せな人生を送る大切な要素でもある。だから、料理が単調にならないように、週に2～3種類の新作を加えてメニューの広がりを楽しんでいます。それに、自分で作れば何が入っているのかがわかるので、健康面でも安心ですしね」

食に関しては、もうひとつ心がけていることがあるそう。インダストリアル体制における畜産業の動物たちへの処理の仕方が、動物に大きな苦痛を与えていると知って以来、肉を食べることをやめています。

「末期的な環境問題についても考えると、野菜などの食材はオーガニックのものを選ぶようになりましたし、なるべく簡易包装の商品を選んで購入しています。料理をした残りの野菜くずはコンポストで肥料にして植物に与えています。また、ミントとシトロネル（レモングラス）のアロマオイルを使って蚊よけスプレーを作ったり、ほかにもエッセンシャルオイルを用いてアロ

野の花をふんだんに飾り
室内でも植物を育てる

上：玄関の扉を開けると、奥には出窓が印象的な小部屋が見える。
右：180度を三面の窓が取り巻き、明るい光に包まれている。コレクションの余り布で作った猫のクッションが空間のアクセントに。

上：ワードローブをしまってあるアンティークのクローゼット。その両脇の窓辺にはオリヅルランの鉢植えを。下右：ブロカント（古物市）で買ったアンティークの刺しゅうを額に入れて飾ったり、クッションを作ったり。下中：3階のデスクの上の壁には、手作りのリースと帽子を。下左：以前飼っていた愛猫を抱いた思い出の写真。

エの化粧水やバラの香水を作ったりもしています。この家でゆったりと暮らしているうちに、自然環境について深く考えるようになりました」

働くペースをゆるめたからこそ気づけた気持ちの変化

ある日、セミリタイアしてから自分の心の持ちようが少しずつ変わってきたことに気づいた角田さん。

「仕事を辞めて2年間くらいは結構、悶々《もんもん》としていました。人生の先が見えてくると、今までを振り返って『これからどうしよう？ あともう10年、20年をどうやって生きていこうか？』ということがばーっと頭に浮かんでくるんですよ。その追求という感じですね。私、結構ネガティブなんですよ。思考がどうしてもマイナスの方向にいってしまいがちだから、どうしてそういうふうに悪いほうに考えてしまうんだろうって反省して。そういった問題を解決しつつ、自分の心を平和に保てるように努めるという課題が、まだ残っています」

そこで最近は、一日の終わりに感謝の日記をつけることにしているそう。

「なかなかネガティブな感情が頭から離れないときや、夫とけんかして不満が収まらないときも、彼がいるおかげで私のフランス生活が成り立っていて、仕事面で支えてくれたり、いろいろと世話になってばかりだと思うと、怒りや不満がすうっと消えて、そのあとには温かい気持ちに包まれます。感謝できることがひとつあるというのは、温かい気持ちがまたひとつ増えること。そんなことを日々発見しています。だから面白いですよ、仕事を辞めると。それまで外に向かっていた意識が、全部自分の中へと向かうから。働いているとビジネス上の人と付き合わなくてはならないので、ストレスがたまって怒りやすくなる。仕事を辞めるとそういうお付き合いはなくなって世界が狭くなりますが、それはそれで、なかなか興味深いなと感じています。人生の後半は自分の生活を楽しく、健康を大切にしたいと考えたら、まぁ、やることがいっぱいあるなとも思って。結構忙しいですよ」

栄養豊富なイラクサのスープ。「とげがあるので、摘み取るのは結構大変ですけれどね。でもそれだけの価値はあります」

レトロなホテルのブレックファストをイメージした朝食。テーブルセッティングを考える時間が楽しい。

右：生のアロエのジェル部分とグリセリンに、ラベンダーとビタミンEのオイルを数滴垂らし、精製水を加えて化粧水を手作り。
左：バラとラベンダーのエッセンシャルオイルとウォッカでお手製の香水を。

できる限りゴミを減らすために、簡易包装の物を選ぶ。ネットは自然分解される糸で編まれている。

自然や動物をリスペクトして生きる喜び

庭を訪れる鳥たちとリスのために設置したエサ台兼小屋。ここにヒマワリの種を置くのが毎朝の日課。

愛猫のクロちゃんもキッズチェアにお行儀よく座って食卓をともにする。その姿を横で見守るアランさん。

Paris Madame

6

大塚博美さん

**常に何が最終目的で
その行動をしているのかを
大切にしています**

age 65

在仏30年以上。フリーランスのファッションコンサルティング、コーディネーター、キャスティングとして活躍。パリで行われるファッションショー、展示会、イベント等で、日本のクリエーターの海外進出をサポートしている。

まわりの意見や常識に左右されず
自分だけの新しい仕組みを考えて暮らす

「今まで自分で仕事を探したことがないんです。私を信じてくれて、『やってください』と言われたことに応えたい。ご縁があってお誘いを受けたことはできるだけ参加したり、仕事したり。まずはやってみる、行ってみる」

在仏30年以上。20代でバイヤーとしてパリへ渡ったのをきっかけに、現在は、ファッションコーディネーターとして、海外進出する日本人デザイナーたちのサポート全般を手がける大塚博美さん。

その仕事内容は、年4回開催されるパリコレクションでのモデルのキャスティング、ショー全体のコンサルティング、エキシビジョンのオーガナイズ、に始まり、撮影や取材の手配や展示会の開催までと多岐にわたります。

「趣味は仕事」と言う大塚さんですが、世界最先端のファッションの世界でトップクリエーターたちとやりとりをする日常は、さまざまな調整やトラブ

Hiromi Ostuka

「こうじゃなきゃ」という思い込みを手放し、からだの声を聞いて暮らす

パリの自宅のリビングで。「この物件を問い合わせたら、オーナーがたまたま知り合いで『えっ、博美なの?』と」。そんな思いがけない再会もパリではよくあること。

窓の外にはマレ地区の街並みが見える。瀟洒《しょうしゃ》なレストランやセレクトショップも多い人気のエリア。

ルも頻繁に起こり、胃痛が絶えない日々でもあります。ところが大塚さんは、「得意なことは、どんな悲観的な状況でもその現実を楽しめること。もしくはその状況にのっかって広げてみる。困ったことに遭遇しても落ち込まない。結局、困ったことのあとのほうがよい結果に結びついている」と、実に頼もしいのです。

そして、忙しい生活を乗り切る工夫もいろいろと。

「フリーランスなので、撮影やショーの現場がないデスクワークの時も、1週間近くロケに出っぱなしの時も、日本やヨーロッパのビジネスタイムには起きているため、とても不規則な時間帯の生活をしています。ですが自宅で過ごすときには、無理に住んでいる土地の時間帯に合わせません。おなかが空けば少し食べて、睡眠も眠くなるまで眠らない。朝も目が覚めたときに起きるなど、からだが訴えてくることをするようにします。またショッピングでは、ポイントカードやLINEアプリでお得とか、多くの情報であふれかえっていますが、ほとんどポイントを貯めません。そのポイントの使用法や還元などのことを頭にインプットして考える隙間がありません。そんな時間はできるだけ省いて、ストレスの要因を最大限に少なくしています」

無理することと、やらなくてはいけないことや気になることをできるだけ省く——自分だけの新しい仕組みを考えれば、暮らしに余白が生まれます。

それでもストレスを感じた時には、旅へ。

「撮影が続いて胃に激痛が出始めると、友人たちとモロッコへ。空港に到着した時に、『インディ・ジョーンズ』の映画のような異国感にワクワクします。大好きな土地で食べて、飲んで、笑って過ごしているうちに、胃痛は完全に影を潜めます。息抜きや気分転換がいちばんの薬かもしれません」

ロックダウンをきっかけに小さな暮らしへ

年に4〜5回パリと東京を往復する2拠点生活。ところが、2020年冬に状況が一変します。新型コロナウイルスの感染拡大、そしてロックダウン。仕事はすべてストップし、急遽、日本に帰国することに。パンデミックで先が見えない2021年1月、100㎡の広いアパルトマンから、マレ地区のスタジオに引っ越しを決め、それに伴い、持ち物の整理をすることとなりました。

左ページ：インテリアは黒が基調。右上＆左上：モロッコ・マラケッシュの露天商人を描いたイラスト本やパティ・スミスの限定本、イギリスのアーティスト、デヴィッド・シュリグリーのポスターなども。右下：モロッカンスタイルのブランケット、ラタン（籐）のヘッドボード、ジオメトリック柄のクッションカバーなどでシックに。左下：1690年代後半のサイケデリックムーブメントを牽引したサンフランシスコにあった伝説のライブハウスのポスターや、エリック・ホワイトの絵を寝室に。

色で統一感を出しつつ、
スタイルの違うアイテムを
組み合わせる

「新しいスタジオはスペースとしても狭くなったうえに、大家さんに、自分が不在の間は、Airbnbで貸し出してもらってよいのでという条件で家賃交渉をしたので、ほとんど自分の物は置けないというさらに厳しい条件に。そのため、結局、いくつかのベッドリネン、食器、写真集などを残して衣類はすべて日本の夫の家へ持ち帰りました。その量なんと150kg！　そのときに処分した家具、電化製品、本、CDなどの量はものすごかったですね」

何年も袖を通していない服、DVD、読んでいない本。そして、何代も昔からのコンパクトカメラやビデオカメラはダンボール2箱分にも。

「暮らしをコンパクトにするには住む場所を小さくするのがいちばん効果的です。持っておきたくても入れる器がない！　でも本当に必要性があるときしかできないのかも」と当時を振り返ります。

それから2年間のステイホーム中は、仕事の時間がなくなってどこにも移動しない東京での暮らし。夫でスタイリストの馬場圭介さんとずっと一緒に過ごすのも初めて。そして、家で過ごす時間がたっぷりできたことで、生活に変化が起こりました。それまでは料理は一切せず、料理が得意な馬場さんが担当。ところが大塚さんが自宅でご飯を作るようになったのです。

「友人に料理研究家などプロが多くて、自然にチャレンジしていました」
好奇心のスイッチが入り、味噌や実山椒などの調味料、白菜の漬物などもすべて手作り。和食はプロ直伝のレシピを再現するＹｏｕＴｕｂｅなどを参考に、その味を完全に再現するまでの腕前に。「日本酒をこんなにたくさん入れるのね」などと楽しみつつ完成したサバの味噌煮は、「この煮汁、美味いーっ！」と馬場さんも絶賛。

「コロナ禍の前は仕事での外食も多く、暴飲暴食の毎日でした。味噌は自分で作ると本当に雑味がなくて、沁《し》みる味。美味しくてもう元には戻れません。今でも日本の自宅では、玄米、具だくさんのお味噌汁、豆腐系の一品などですね。基本は少食で、自分のからだの声を聞くようにしています」

変わったのは、手料理だけではありませんでした。器の金継ぎにトライして手仕事の楽しさに目覚め、ＹｏｕＴｕｂｅを見ながらの宅トレで2サイズ分体重を減らし、近所のワインバーでのアルバイトを始めるなど、新しい人生の楽しみ方を次々に発見。思いがけず自由な時間を手に入れて、いきいきとスローライフを楽しむ姿は「まるで生まれ変わったよう。ＮＥＯ《ネオ》博美だ」と周囲の人たちを驚かせました。

iPadで仕事中。パリで開かれるインテリアの見本市「メゾン・ド・オブジェ」で購入したフロストガラスの水差しと花をテーブルに。

ダイニングには食器や茶器が美しく並ぶ

右：「常にカラフルな花を足します。小さな一輪の花でも大きな癒しになります」左：窓辺の花瓶もワイングラスもチェコの口吹きボヘミアンガラス、ジュリスカ。

上右：ベトナムのホイアンで購入したティーポットといただいた古伊万里のそば猪口などお気に入りのものが並ぶ。上左：ロンドンのポートベローマーケットで購入したキャンドルホルダー。下：食器棚にはベトナムのヴィンテージのバッチャン焼き、南仏プロヴァンスの伝統の陶器の水差しと深皿、撮影で行った南仏アルルのアンティークショップで見つけたスイスのアーティストによるヴィンテージの花瓶なども。

フランスで暮らすことの楽しさ、喜び

30年以上、日本とフランスの2つの生活を体験してきた大塚さん。振り返ってみて、〝フランス暮らしの楽しみ〟とはなんでしょうか。

「これは完全に好みの問題なんですが、フランスには、私にとって美しいものがあふれているんです。それは街角でタバコを吸っている女性のなんでもない立ち姿、その人にとって完璧な着こなしのバランスだったり、道の向こう側を歩いている白髪の女性の赤いジャケットだったり、トワイライト（夕暮れどき）の空の色など、すべての瞬間が映画のシーンのようです。そのシーンの中で自分は相応しく背筋を伸ばしているか、自問します」

また、自転車でパリの街中を走り抜ける時間も楽しみのひとつ。

「フランスでは、最近は温暖化対策として自転車レーンが車のレーンより広く取られている大通りもあり、車は大渋滞していますが、自転車だと車より も早く移動できます。バスチーユ広場辺りからルーブル美術館前を通り、コンコルド広場までの直線の自転車レーンを、風を受けて走る抜けるときの幸

福感はたまりません」

大塚さんは元来、誰かのことをうらやましく思ったりはしない性格。生活においても、こうでなくてはいけないというこだわりがなく、もし仕事が減りお金がなくなっても、ないなりに質素に暮らせばいいと考えます。

「人と比べない。人が大きな家に住んでいるからとか、高級車を買ったから欲しいとか、いわゆる〝みんなが行っている流行りの店に行かなくちゃ信仰〟がまったくないんです。まわりの意見や常識に左右されないで、常に何が最終目的でその行動をしているのかを大切にしています」

自分は自分。人の目を気にしない。「みんながしているから」とか「これが当たり前だから」という枠を取り払って考える。世界で見聞を広め、自問自答を繰り返し、軽やかに人生を歩んできたからこその言葉です。

ライフスタイルや考え方で変わったこと、変えたこと

「ルーティーンとしての整理整頓が得意ではなく、そもそもダウンサイジングの観念がない。自分のライフスタイルに合わせていくだけ」という大塚さ

仕事もプライベートも好きなものを大事に

右：モンマルトルで、写真集の撮影に使うバルコニーをロケハン。左：モロッコにて。マラケシュで長年通っているリアド（古い邸宅を改築した宿泊施設）で撮影中。下右：モロッコにて。下左：マラケシュ市街地から40分、アガファイ砂漠にある電気がないヴィラ「La《ラ》 Pause《ポウズ》」。キャンドルの灯火で夜を過ごして、満天の星を満喫。

右：撮影で初めて訪れたインドで。ジャイプールの「Narain《ナライン》 Niwas《ニワス》 Palace《パレス》」は、ジュエリーアーティストの友人の紹介で出会った好みのホテル。左：コロナでの仕事の休止期間に始めたワインバー「ＯＺＡＷＡ」でサービスのお手伝いを。

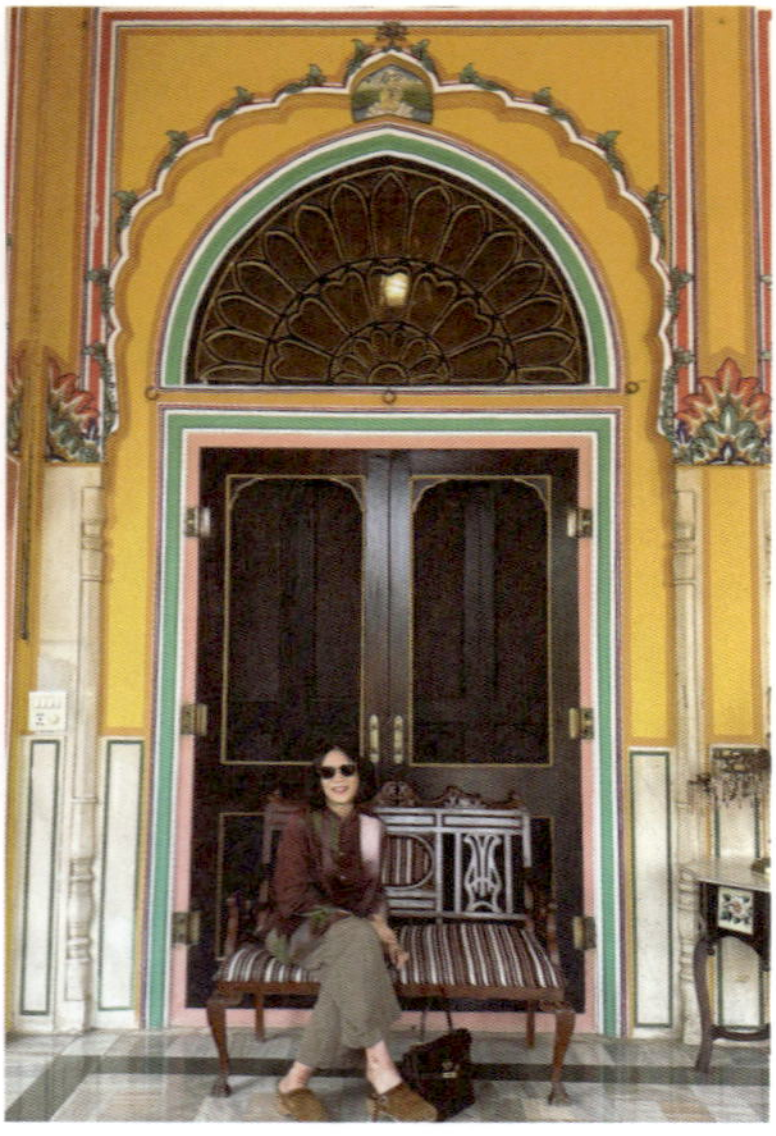

上右：かごバッグを愛用。上左：ボーンと真鍮でできたモロッコ製のジュエリーケース。時計は、カルティエのタンク・ディヴァン。いつも身につけているリングは3つ。下右：ヴィンテージのエルメスのモナコは肩にかけて持つ。下左：拡大鏡つきスタンドミラーはメイク時の必需品。クリスチャン・ルブタンのリップ、ドクター・ウーの日焼止め、シャネルのリクィッドアイシャドウ。

んですが、60代以降、生活の変化に伴うシフトチェンジがありました。

「必要最小限のものと暮らすこと。これから訪れるであろう生活環境の変化に対応して気軽に移動ができたり、もし自分が病気になってほかの人が片づけなくてはならない状況になった場合に、できるだけ簡単に済むように。物を増やさないと決めてからはすべてできるだけ見ないようにしています。展示会でも、いつも着るブランド以外は〝自分が着たい服〟として見るスイッチを入れないように。ロケの合間にお店をぶらぶら見てまわることも避けています。まずは目に入らないようにすること。あとは、本や写真集で欲しいものに出合ってしまったら、コロナ期のあの大断捨離の引っ越しを思い出すようにしています。それでも欲しければ買います」

その代わりに、行ったことのない場所に行ったり、新しいことを始めたり、人に会うことを意識的に実践しています。

夫の馬場さんが休日のときには、映画や美術館などに行き、そのエリアで早めの夕食を。新しいお店にトライすることも積極的に。

「いつどんな理由で行けなくなるかわからないので、誘われた外出や旅行など、ご縁があったらプライベートのお誘いもできるだけ受けるようにしています。あとは、最も大切なのは60代以降だから変えなきゃと思う必要はないと思います。服装も、ライフスタイルも一層若くなったっていい。60代以降の服装……日本に戻ると寂しく感じます。日本では若くてきれいな女性はたくさんいますが、素敵な60代が少なく感じるのは服装のせいかもしれません。歳にとらわれないでやりたいことをあきらめないでもっと楽しめばよいと思います。

今後は「これまでの〝日常〟を続けられたら、素晴らしいこと」と言う大塚さん。

「仕事は続けたいけれど、転職するならどういう仕事なのだろうと。でも、コロナ禍をきっかけにリモートの仕事ができるようになり、どこからでもできるなら、このまま大好きな仕事を続ければいいじゃないと思えるようになって。現場での動きやオーガナイズの仕方は、歳に合わせて変化していくとは思うけれど。最近は、日本の職人さんの手仕事に感動して。そういったまだ知られざる匠の技を、海外に紹介する仕事もやりたいですね」

いくつになっても年齢にとらわれず、自由に柔軟に自分のやりたいことをやる。そんな姿勢がなんとも清々しいのです。

深夜2時まで続く仕事も
結果が出れば喜びに変わる

仕事の連絡は昼夜を問わず。「仕事で、選んだ場所や、モデルやチームなどがテーマにぴったり合っていい結果につながるときがうれしい」。Undercover《アンダーカバー》のメンズのリネンスーツで。スエードのサボはギリシャの職人が1足ずつ手作りするAncient《エンシャント》 Greek《グリーク》 Sandals《サンダルズ》。

近所へのお出かけは、姿勢よくさっそうと。「からだが重く感じてきたら、YouTubeの自宅でできるトレーニング動画を見ながら1時間半ぐらい汗を流します」。Undercoverのジャケットとシューズ、キャップはCoco《ココ》 Capitáin《カピタン》、バッグはマラケッシュのセレクトショップ・33《トレントトワ》 Rue《リュ》 Majorelle《マジョレル》で購入した再生レザー製。

デザイン：近藤みどり

撮影：YOLLIKO SAITO（p8～67、p.87～107）
篠あゆみ（p.5～6、p.68～86、p.108～127）

校正：東京出版サービスセンター

DTP：天龍社

編集・執筆：
原 正枝（p.8～67、p.88～107）
smile editors
岩越千帆（p.68～87）
木村夫美（p.108～127）

企画：印田友紀（smile editors）

編集部担当：澤村尚生（主婦と生活社）

smile editors《スマイル・エディターズ》

書籍、ムック、雑誌などのコンテンツを手がける編集プロダクション。国内外で大人のライフスタイルを取材し、話題となった書籍も多数。
編書に
『人生後半のひとり暮らしを穏やかに楽しむ60代から90代の身軽な住まいと豊かな日々』（主婦と生活社）
『北欧のあたたかな暮らし　小さな愉しみ』（Gakken）
『京都 季節を楽しむ暮らしごと365日』（主婦と生活社）
『60代からシンプルに穏やかに暮らす』（主婦と生活社）
『パリのマダムは今日もおしゃれ』（KADOKAWA）
『ロンドンマダムのおしゃれライフスタイル』（マガジンハウス）
など。
http://smileeditors.net

パリに暮らす日本人マダムの「手放す幸せ」の見つけ方

編　者　smile editors
編集人　栃丸秀俊
発行人　倉次辰男
発行所　株式会社 主婦と生活社
〒104-8357　東京都中央区京橋3-5-7
TEL　03-5579-9611（編集部）
TEL　03-3563-5121（販売部）
TEL　03-3563-5125（生産部）
https://www.shufu.co.jp/
製版所　株式会社 公栄社
印刷所　大日本印刷株式会社
製本所　小泉製本株式会社

ISBN978-4-391-16270-7

落丁・乱丁の場合はお取り替えいたします。
お買い求めの書店か、小社生産部までお申し出ください。